豊岡短期大学子ども学科教授
神谷明宏

いかだ社

目次

	はじめに ……………………………………………………………	4
第1章　室内あそび ………………………………………………		6
	子どもから失われている3つの「間」〜時間・空間・仲間〜	
レベル1	ジャンケンお開き ………………………………………	8
	ジャンケンお縮み ………………………………………	9
	3分で終わる鬼ごっこ・永遠に終わらない鬼ごっこ ……	10
	カンフータッチ …………………………………………	12
	ジャンケンポンで行ってこい！ ………………………	14
	チームジャンケン ………………………………………	16
レベル2	ジャンケンこんにちは！ ………………………………	18
	輪の中でしたことを叫ぶ！ ……………………………	20
	足踏みダンス ……………………………………………	22
	ネコとネズミ ……………………………………………	24
	靴取り ……………………………………………………	26
レベル3	大根ぬき …………………………………………………	28
	ベルトコンベヤー ………………………………………	30
	ヘビの皮むき ……………………………………………	32
	チクタクボン ……………………………………………	34
	人間知恵の輪 ……………………………………………	36

第 2 章　屋外あそび …………………………………………………… 38
あそびを中心とする多様な動きが経験できる身体活動が重要

レベル 1

人工衛星まわせ！ ………………………………………… 40

渦巻き陣取り (カタツムリ) ……………………………… 42

はじめの一歩 (だるまさんがころんだ) ……………… 44

どこ行き ……………………………………………………… 46

田の字 (春夏秋冬) ……………………………………… 48

レベル 2

見たス！(アヒルの足とっかえ) ……………………… 50

集団押し相撲 ……………………………………………… 52

木とリス …………………………………………………… 54

レベル 3

集団子とろ鬼 ……………………………………………… 56

フープリレー ……………………………………………… 58

ボールけり (缶けり) …………………………………… 60

S ケン ……………………………………………………… 62

人間いす …………………………………………………… 64

ろくむし (六虫) ………………………………………… 66

第 3 章　野外あそび ……………………………………………………… 68
「感じる」ことの大切さを知る自然体験の意義

レベル 1

土手滑り …………………………………………………… 70

誰が早いか笹舟レース！ ………………………………… 72

紙飛行機どこまで飛ぶの？ ……………………………… 74

お地蔵様 …………………………………………………… 76

森の宝探しビンゴ ………………………………………… 78

レベル 2

まえ・うしろ・みぎ・ひだり (反対信号) ……………… 80

リーダーは誰だ！(震源地) …………………………… 82

みんなでつくるキャンプファイヤートーチトワリング ………… 84

缶トーチでステキな夜の演出 …………………………… 86

レベル 3

ジャンケン足相撲 ………………………………………… 88

バッカン (開戦ドン) …………………………………… 90

森のナンバーコール ……………………………………… 92

追跡ハイキング …………………………………………… 94

はじめに

「集団であそび体験をすれば、子どもは育つ」という幻想を払拭しよう!? というのが本書のねらいです。

今は大学生でもグループワークによる体験学習が盛んですが、体験学習の重要性を主張したジョン・デューイは"全ての体験が教育的であるとは限らない"と、その危険性を指摘しています。

グループワークは集団づくりが目的ではなく、個人の成長のためにいかに集団を活用することができるかが重要なのです。

みんなが一緒に活動を体験することを通して、一人ひとりが成長し、はじめて集団がよく育つのです。そのためには指導者が子どもたちに対して"みんな違ってみんないい"という視点をもつことが前提となります。ともすれば指導者は子どもたちの行動を大人が思い描く方向に誘導するといった、予定調和的な指導に陥る傾向になりがちです。あくまで体験活動は子ども自身の自己選択と自己決定によって展開されるものです。子どもたちはその過程の中で仲間と話し合い、相談し合い、自分の考えを仲間に伝えながら行動することではじめてその体験が自分の学びとなり『生きる力』となるのです。

特にあそび体験を通して育まれる能力こそが『非認知能力』といっても過言ではありません。

非認知能力とはノーベル経済学賞を受賞した J.ヘックマン博士がアメリカの公教育が学力優位の教育に偏っていることを指摘し、「非認知能力（社会的情動スキル）」を高める必要性と、それが生涯にわたって影響を与えるという研究がはじまりとなっています。

体験学習のサイクル

実社会・日常生活での応用と実践 → 体験活動 ← 自己選択・自己決定

体験活動 → 振り返りと観察

仮説化 ← 概念化と一般化

自己変革 → 概念化と一般化 ← 結果への自己責任

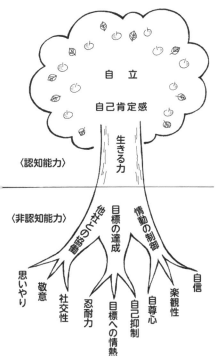

OECD（経済協力開発機構）は『非認知能力』を
① 最後まで難しい課題に粘り強く取り組む力→目標の達成（忍耐力、自己抑制、目標への情熱）
② 他者を受け入れ上手に対話的に協力する力→他者との協働（社交性、敬意、思いやり）
③ 自分で気持ちをコントロールし、失敗しても大丈夫と思う力→情動の制御（自尊心、楽観性、自信）
と定義しています。

つまり、これを木にたとえるとさまざまなあそび体験を通して、幼児期・学童期にこの「見えない根っこ（非認知能力）」を育むと「見える葉や果実（多彩な認知能力）」が多くなるという意味になるのです。

ところが保育園・幼稚園・放課後児童クラブ・小学校での子どもたちのあそびは指導者主導によるものや、ルールの決まったスポーツ的な種目が大半です。つまり子どもが自分で選び行動を決めていく機会の少ないあそび体験となっているのです。

何とか非認知能力を育むことのできるあそびを紹介したいと考えた時に思い出したのが次のようなあそびです。わたしが学生時代にボランティアとして活動した時、「日本児童遊戯研究所」の有木昭久先生に教えていただいた伝承あそび、「東京小中学生センター（児童館）」の職員時代に館長の伊藤昭彦先生に指導を受けた野外あそび、「全国子ども会連合会」事務局長の宇田川光雄先生に習ったレクリエーション、アメリカニューヨークフロストバレーYMCAでの文化交流ボランティア講師として渡米時に学んだ数々のあそび体験の中にそのヒントが隠されていることに気づきました。

本書で紹介しているあそびは、数多くのあそび体験を伝えてきた先達の知恵の結晶の中から、特に子ども自身が自分で工夫し、仲間と協力して楽しく課題達成を目指すものや、仲間と作戦を立て互いに競い合うことで自己肯定感が育まれる内容が多く含まれているものを厳選し、今風に改良したあそびとなっています。

指導者の方は細かく時間で区切らず、危険がない限りは見守り、失敗を責めない姿勢で子どもたちがあそび込む姿を見守って欲しいと思っています。

豊岡短期大学こども学科教授
神谷明宏

第1章

室内あそび

　本書の目的は、子どもが主体となってあそび込むことができるようになることです。そのためには多くの研究者が述べている、いわゆる「あそびの三間（さんま）」の減少にメスを入れることが課題となります。

　「あそびの三間」とは、子どものあそびに欠かすことのできない時間・空間・仲間のことです。これらのどれか1つが失われることで、子どものあそびが失われてしまうという考え方です。

　あそび環境の研究者である仙田満は、この三要素に加えてあそび方法の欠如こそが最も大きな原因であると主張しています。

　確かに高度経済成長期くらいまで、あそびは異年齢集団の中で年長の子どもが年下の子どもにいろいろなあそびを伝達することで、あそびの方法が受け継がれていたのです。それがこれ以降急速に失われ、子どもが主体的にあそぶのではなく、保育士や幼稚園教諭、放課後児童クラブの指導員主導のあそびになっているのです。しかも、そこで行う多くのあそびがスポーツ的なあそびと

なり、伝承的なあそびはほとんど見られなくなっています。つまり、指導者も伝承的なあそびを知らない、または知ってはいてもどのように伝えたらよいかよくわからないといったことも起こっています。

　本書では、全編を通じてあそびのレベルを3段階に分けて紹介しています。「レベル1」は指導者が指示をする形のあそび、「レベル2」は指導者が見本を示して、子どもたちが自ら考えてあそびを展開するあそび、「レベル3」は指導者があそびのルールを示して、子どもたちがチームで考えて協力してあそぶ形のあそびとなっています。

　これらのあそびを段階的に体験することで、子どもたちは集団の中で仲間を思いやり、仲間と協力して課題に取り組む力を育み、ちょっとした失敗やストレスから立ち直り、新しいものを生み出す力を見出し、よりたくましく生きる力を養うことができると考えています。

　室内編では、指導者が比較的取り組みやすいあそびを紹介しています。

子どもから失われている
3つの「間」〜時間・空間・仲間〜

社会システムの変化と子ども環境

	サザエさんの時代 戦後復興期 （1945年〜1959年）	ちびまる子ちゃんの時代 高度経済成長期 （1960年〜1974年）	クレヨンしんちゃんの時代 バブル崩壊期 （1975年〜
あそびの指導者	幼少時は 父母や祖父母が中心 物心がつくと 子ども仲間が中心	幼少時は 父母や祖父母が中心 物心がつくと 子ども仲間が中心	幼少時より 大人の指導者が中心
子ども集団	異年齢集団： 遊びを介した人間関係 （ガキ大将中心のつながり）	同年齢集団： 遊び・おけいこごと・塾等、 興味や趣味による人間関係 （同級生中心のつながり）	群集化： 深いつきあいをしたがらない 関係 （場面毎のつながり）
あそびの場	空き地・原っぱ・裏山・川	児童館・児童遊園・校庭	家庭内・スポーツクラブ
あそびの種類	子どもたちが相互に伝える さまざまな直接体験	大人がしかける レクリエーション的体験が中心	専門の指導者による スポーツ的・模擬的体験
あそびを通した学び	価値の多様性の容認：さまざまなあそびを通して自分の得意なことに気づくと共に他者の得意なことを尊重できる学びが可能となる。	等質の視点の重視：保護者仲間と本人の友人関係によって学びの中身が限定される。	マニュアル化の視点の重視：あそび体験の幅は保護者の価値観によって違いが大きく、それによって学びにも格差がある。

室内 2人1組

ジャンケンお開き

集団あそびを始める前にウォーミングアップとして行うと体がほぐれ、コミュニケーションもとれて効果的です。

指導のポイント

● 足の広がりが大きくなると、足の動きがぞんざいになるので注意が必要です。

あそび方

① 足をピッタリそろえて2人で向き合ってジャンケンをする。
② 負けた人はかかとをつけたまま、つま先を大きく開く。
③ その姿勢で2回目のジャンケンをする。
④ 2回目も負けてしまったら、つま先はそのままの状態で、かかとを大きく開く。
⑤ 3回目も負けたらかかとはそのままにして、つま先をさらに開く。
⑥ 負けた人はこれを交互に繰り返し、どちらが先にお尻をついてしまうかを競う。

室内　　2人1組　　　　　　　　　　　レベル 1 2 3　　第1章 室内あそび

ジャンケンお縮み

「なりきりごっこあそび」は年齢問わず大人気です。ジャンケンをしながらだんだん低くなっていくことに思わず笑ってしまうあそびです。

指導のポイント

● どちらかが勝ち続けると頭に腕が届かなくなることもありますし、ジャンケンの度に腰が伸びて、立ち上がりジャンケンをする人も出るかもしれませんが、それはそれで楽しいものです。

あそび方

① 2人で向き合って足をピッタリそろえ、左手を相手の頭の上に置いてジャンケンをする。
② ジャンケンに勝った人は負けた人の頭を軽く押さえ、押された人は少し体をかがめる。
③ 姿勢を変えずにジャンケンを続け、負けた人は体をかがめることを繰り返して、だんだんお互いに低い姿勢になっていく。
④ 先にお尻をついてしまったほうが負けとなる。

室内　 30人くらい　レベル 1 2 3

3分で終わる鬼ごっこ・永遠に終わらない鬼ごっこ

鬼ごっこは、準備いらずで楽しめるみんなが大好きな定番あそびです。いろいろなあそびを始める前にウォーミングアップで行うと効果的です。

タッチされたらアウト！　その場にしゃがみます

あそび方

① 自分以外の全員が鬼となる鬼ごっこ。
② 指導者の「はじめ！」の合図で、周りの誰か1人にタッチする。
③ タッチされた人はアウトとなりその場にしゃがむ。
④ 2人同時にタッチした時はジャンケンで勝敗を決める。
※ 最後の1人の勝者が決まるのはあっという間。

指導のポイント

● あらかじめ活動できる範囲を決めておきましょう。何回も続けて行う時は、走ることを禁止し、速足ぐらいまでにするとよいでしょう。

しゃがんだ人が 手を上げて その手にタッチしてくれると生き返ることができる！

❶ 永遠にこのあそびを続けたい場合は、しゃがんだ人が手を上げる。
❷ その手に誰かがタッチすると生き返り、またゲームに加わることができる。
❸ 疲れた人は手を上げなくても OK。再度参加したくなったら手を上げる。
❹ 全員が手を上げ続けると永遠に終わらないので、指導者は適当なところで終了を宣言する。

室内 2人1組　　レベル 1 2 3

カンフータッチ

あそびは表現や演技の要素がありますが、このゲームはそれを具現化した対抗戦です。いかにカンフーの達人になりきれるかが勝負の分かれ目です。

あそび方

① 2人で50cmくらい離れて足を少し開き、自然体で向き合って立つ。
② 向き合ったら合掌して、2人で「チャン チャン チャン チャン チャラランラ〜ン！」と中国風の音楽を口ずさむ。
③ その後は交代で「アチョ〜」と叫びながら片手を胸に片手を斜め上に上げる。2人が1回ずつ叫んでポーズを決めたら試合開始。
④ 両足を動かすことなく、両手でお互いの膝か肘にタッチするようにねらって、腕を動かす。

指導のポイント

- 演じるおもしろさがアイスブレイクになるあそびなので、恥ずかしがらず声を出すようにさせることがポイントとなります。
- 興奮するとタッチではなく、勢いあまって叩くことになりがちなので注意が必要です。

第1章 室内あそび

⑤ 相手の膝か肘に早くタッチしたほうが1本となる。
⑥ 先に3本とった人が勝ち。
⑦ 試合が終了したら、はじめと同じように合掌して、2人で「チャン チャン チャン チャン チャラ ランラ〜ン！」と中国風の音楽を口ずさみ、お互いに礼をして終了。

ジャンケンポンで行ってこい！

最初は遠慮して近い所を指さしていますが、だんだんになるべく遠い所を指さすようになり、激しいあそびに変化していきます。

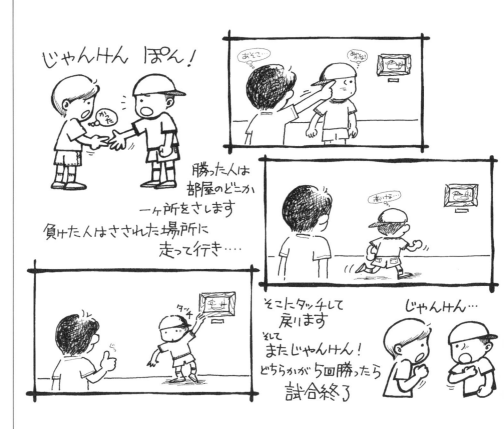

あそび方

① 2人で向き合ってジャンケンをする。
② 勝った人は室内のどこか1か所を指さす。
③ 負けた人は指さされた場所に走って行き、そこにタッチして戻る。
④ 再度ジャンケンをして同様に繰り返す。
⑤ どちらかが5回勝ったら試合終了。

指導のポイント

- 狭い場所で大人数で行うと衝突することがあるので注意が必要です。
- 天井を指さしたらジャンプ、床をさしたらしゃがむというルールを決めておいてもよいでしょう。

Place 室内　チーム対抗　1チーム10人くらい　レベル 1 2 3

チームジャンケン

スキンシップをもとにチームワークのよさを競うあそびです。

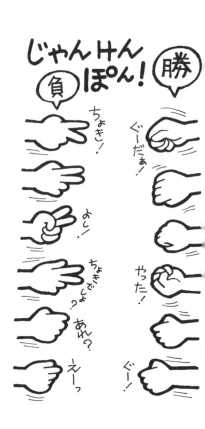

あそび方
① 2グループに分かれ、両チーム1列になって互いに向き合う。
② 1列になったところで隣の子とぴったり体をくっつけて並ぶ。
③ 先頭の人がリーダーとなり、相手チームに見えないように体の後ろで隣の人にジャンケンで何を出すか伝える。
④ 最後の人まで伝わったところで、2組声をそろえてジャンケンをする。
⑤ 全員が同じ「けん」を出せなかったら負けとなる。

指導のポイント

● 指導者は両チームの真ん中に立って、勝ちチーム側の手を上げて勝ち負けを示してゲームを盛り上げます。

勝ったチームのリーダーは全員とハイタッチをして一番後ろへ移動

負けたチームのリーダーは そのままもう一度！
最初のリーダーが 早く先頭に戻ったチームが勝ち！

⑥ 勝ったチームのリーダーはチーム全員とハイタッチをして一番後ろへ移動し、次の人がリーダーとなる。
⑦ 負けたチームのリーダーは、そのままもう１度相手チームのリーダーとジャンケンをする。
⑧ このようにジャンケンをしてリーダーが交代しながら勝負を進める。
⑨ 最初のリーダーが先に先頭に戻ったチームが勝ちとなる。

室内　　30人くらい　　レベル 2

ジャンケンこんにちは！

普通の「ジャンケンチャンピオン」は1度負けると前の人につながるだけですが、このあそびは誰もが1度は先頭になれることにおもしろさがあります。

あそび方
① 鬼を1人決めて、鬼を真ん中に全員が内側を向いて円をつくる。
② 鬼は音楽に合わせて歩き、誰か1人を選んでジャンケンをする。
③ 鬼がジャンケンで勝ったら負けた人は鬼の両肩に両手を乗せて列車をつくり、音楽に合わせて歩いていく。もし鬼が負けた時は新しいジャンケン相手を探す。

> **指導のポイント**
> ● リズミカルで明るいBGMを流して行うことで楽しめる、ウォーキングダンス的なあそびです。

④ 新しい相手に勝ったら3人で列車をつくる。この時、回れ右をして鬼が最初に勝った人が新しい鬼になって新しいジャンケン相手を探す。

⑤ 次に鬼が勝つと、4人で列車をつくるが、先ほどと同様に回れ右をして新たな鬼となり、最後の1人が負けるまで列車をつくり、音楽に合わせて歩く。

Place 室内　　30人くらい　　レベル 1 **2** 3

輪の中でしたことを叫ぶ！

「フルーツバスケット」の変形バージョンです。大きな声で自分に関する「何か」を発信してリラックスすることで、この後のあそびにも気合が入ります。

あそび方

① 全員が円形になっていすに座る。

② 目立ちたい人、大声を出したい人、度胸試しをしたい人、誰からはじめてもよい。立った人はいすから立ち上がり、「朝ごはんを食べた人」「TVアニメの〇〇が好きな人」「お菓子をおなかいっぱい食べたい」など、円の真ん中で叫ぶ。

> **指導のポイント**
>
> ● 全員が参加して欲しいのですが、大きな声を出すことや思っていることをいい出すことのできない人は、ほかの人と同じことを叫んでもかまいません。

③ 叫ばれたことと同じだという人は立ち上がって、座っていたいすから空いているいすへ移動する。この時、真ん中に立っていた人も空いているいすを探して座る。
④ 次に叫びたい人は円の真ん中に行って叫び、同じだという人は移動する。
⑤ 同じ思いの人がいなかった場合は、もう1度違う内容で叫ぶ。

室内　 20人くらい　 レベル 1 **2** 3

足踏みダンス

あそびの中にはエスカレートして過激な争いになることもありますが、このあそびではあえてエスカレートさせることで、許し合う気持ちや楽しさを生み出し、ルールを守って楽しむことの必要性を体験できます。

あそび方

① 全員で輪になって手をつないで立つ。
② 指導者の「はじめ！」の合図で、つないだ手を離すことなく自分以外の人の足を踏み合う。
③ 左右の人だけでなく、前の人もターゲットになる。
④ 自分の足を踏まれないように素早く跳びはね、相手の人の足を踏みつける。
⑤ うまく人の足を踏んだらすかさず「ゴメンねー！」と叫ぶ。

指導のポイント

- 最初に試しゲームをして、あそび方を理解させます。本ゲーム前に作戦タイムを取って攻略法などを相談させましょう。
- 相手チームに倒されそうな仲間を助けたり、支えたりすることで、チームワークの大切さに気づかせましょう。

第1章 室内あそび

指導のポイント

- 長くても1回3分以内で終了するようにしましょう。これ以上長く続けるとエスカレートして相手をけったりする可能性があります。このような時は一時ストップして注意をすることが必要です。

室内 チーム対抗 30人くらい

ネコとネズミ

全身を使う激しいあそびです。最初は個人プレーでスタートしても回数を重ねることでチームプレーが生まれてきます。

① 2グループをつくり、ネコ組とネズミ組に分かれる。
② ネコ組は手をつなぎ内側を向いて円をつくる。
③ ネズミ組はその円の中に入る。
④ ネコ組の「ニャ〜ン!」の声でゲームスタート。
⑤ ネズミ組はネコ組の隙をうかがいフェイントをかけながら、つないだ手の下や足の下をくぐりぬけて円の外へ脱出する。

指導のポイント
● 何回か繰り返して慣れてきたら、作戦タイムをとってどのように戦うか各チームで相談します。

第1章 室内あそび

⑥ ネコ組はつないだ手を離さないようにしてネズミ組の脱出を防ぐ。
⑦ 3分間で何人脱出に成功するかで勝敗を競う。
⑧ 次はネコ組とネズミ組を交代してチャレンジする！

室内　　20人くらい　　レベル 2

靴取り

靴、帽子、かばんなど、普段使っている自分の持ち物を大切にしていますか？
このあそびは自分の持ち物を大切にしようという気持ちになるあそびです。

あそび方
① 全員が自分のはいている靴の片一方を大きな段ボールの中に入れる。
② 箱を真ん中に置いて、全員で5mくらい離れて周囲に立つ。
③ リーダーの「はじめ！」の合図で箱にかけ寄り、自分の靴を探し出してはいてから元の場所に戻る。

準備するもの
- □ 大きな段ボール箱

指導のポイント
● 人気のある同じ靴をはいている子も多いと思います。指導者は全員が靴をはいた時点で必ず自分の物かどうかの確認をさせることが重要です。

第1章 室内あそび

④ 自分が手に取った靴が違っていたら、周囲どこにでも投げ出してよい。
⑤ 誰が最後まで靴がはけずに残るかを競う。

室内 6人～8人くらい（男女別） レベル 3

大根ぬき

仲間との絆を強く感じつつ、自分のもっている力を思いっきり発揮しようと思ってしまうダイナミックなあそびです。

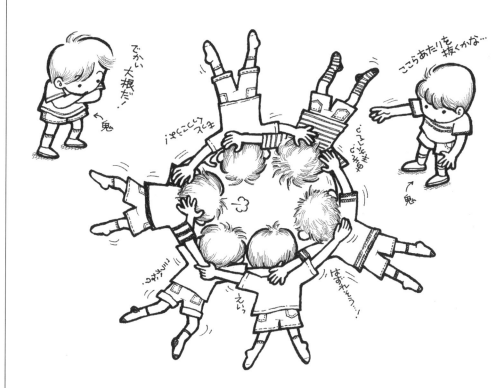

あそび方

① 鬼の2人を除いて残りのメンバーは頭を中心に向けて放射状にうつぶせに寝る。
② 足を開いてお互いにしっかり肩を組んだら大根(役の人、以下同)の準備完了。
③ 指導者の「大根ぬきはじめ！」の合図で、鬼は寝そべっている大根の足首を両手でつかみ引っ張る。
④ 大根は鬼に引きぬかれないように仲間と協力して支え合う。

指導のポイント
- 足首以外をつかんだり、くすぐったりしたら反則ということを事前に注意しておきましょう。
- エスカレートして大根役の人を持ち上げることがないように注意して見ていましょう。

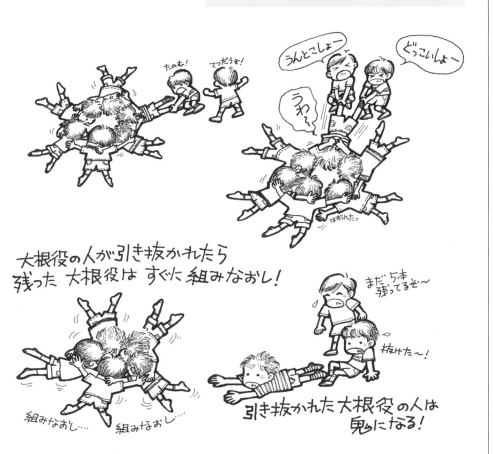

⑤ 鬼は1人ずつ別の大根を引きぬくのも、1人の大根の両足を2人で協力して引きぬくのも自由。
⑥ 大根が引きぬかれてしまったら、残りの大根はすぐに肩を組みなおして鬼の襲来に備える。
⑦ 引きぬかれた大根は鬼に変身！　今度は大根を引きぬく側になる。
⑧ 大根が最後の1人になったらゲーム終了。

室内　 チーム対抗　1チーム6人〜10人くらい（男女別）　レベル 1 2 **3**

ベルトコンベヤー

ベルトコンベヤーが動いているところを見たことがありますか？ 自分がコンベヤーになったつもりで動いてください。ひたすら体力勝負のゲームです。

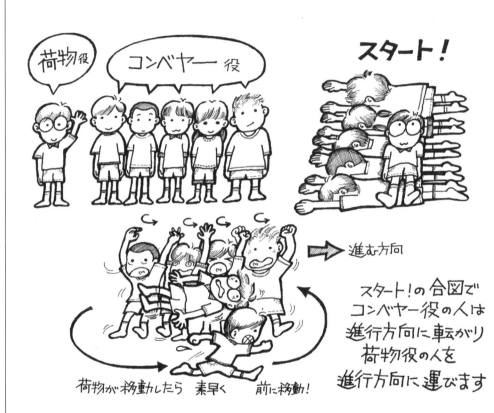

あそび方

① グループで1人荷物役の人を決める。
② 荷物役以外の人は、頭の向きをそろえてバンザイの姿勢でうつぶせになり、コンベヤー役になる。
③ 荷物役の人はコンベヤー役の人の背中に進行方向を向いて、仰向けに寝ころがる。指導者の「スタート！」の合図でコンベヤー役の人は進行方向にころがり、荷物役の人を進行方向に運ぶ。

指導のポイント

● スタートからゴールまでの距離は、メンバーの体力を考えて決めましょう。

第1章 室内あそび

※ 荷物役の人は腕や足を使ってはダメ。
④ コンベヤー役の人は自分の身体の上を荷物役の人が通過したら、素早く前に移動してうつ伏せになり、新たなコンベヤー役になる。
⑤ これを繰り返して、どのグループが先にゴールに荷物役の人を運べるか競うゲーム。

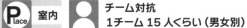

ヘビの皮むき

ヘビの脱皮を見たことがある人は少ないかもしれませんが、ヘビになったつもりでチャレンジしてみましょう。体の柔らかさとチームワークがものをいう協力ゲームです。

あそび方

① 前向きに両足を開いて縦1列に並ぶ。
② 先頭の人は自分の開いた股の間から後ろの人に左腕を差し出す。
③ 2番目の人はその手に右手で握手し、左手を自分の股の間に差し出す。
④ 同様に次々に手をつなぐ。
⑤ 全員が手をつなぎ終わったらゲーム開始。

第1章 室内あそび

指導のポイント

- 手を離さずに前の人の股をくぐるためには、後ろの人が前へ前へと順に動かないと進むことはできませんので、お互いの声掛けが重要になります。
- チーム対抗で早さを競ってみるのもおもしろいでしょう。

⑥ 前の人と間をしっかりつめて、つないだ手を離さずに、2番目の人は先頭の人の股をくぐって先頭の人の前に立つ。
⑦ 3番目の人は先頭の人と2番目の人の股をくぐってその前に立つ。
⑧ こうして、順に全員がくぐっていき、順番が反対になったら成功。

Place 室内 | チーム対抗 1チーム10人くらい | レベル 1 2 **3**

チクタクボン

みんなで意見を出し合いながら、グループで協力して課題の達成感を味わうあそびです。「チク」「タク」「チク」「タク」「ボン」のリズムも楽しいですよ。

あそび方

① 全員で輪になって時計の文字盤をイメージして座る。
② 時計回りに1人ずつ「チク」「タク」「チク」「タク」「ボン」と、時を刻んでいく。
※ 1人目の人が「チク」、2人目の人が「タク」、3人目が「チク」、4人目が「タク」、5人目が「ボン」。これで1時となる。6人目は続けてまた「チク」、7人目が「タク」、8人目が「チク」、9人目が「タク」、10人目が「ボン」、11人目が「ボン」。これで2時となる。

指導のポイント

● 簡単には12時まで成功できるわけではないので、途中で作戦タイムなどを設け、みんなで話し合うことが重要です。

③ このように1時から2時、3時と続けて何時まで時報を打てるかを競う。
④ 途中でリズムが狂ってしまったり、いい間違えた場合は、間違えた人からやり直す。
⑤ グループ対抗で、最初に12時まで途切れずにできたチームが勝ち。

第1章 室内あそび

室内 チーム対抗
1チーム最低10人くらい（偶数）

レベル 1 2 **3**

人間知恵の輪

みんなで意見を出し合いながら、グループで協力してスキンシップで人間関係を深めることができるあそびです。

全員で輪になって立ち
右手を前に出して
向かい合った人と手をつなぐ

左手は 今手をつないでいる人とはつながない！
となりの人もつなげません！

あそび方

① 全員で輪になって立つ。
② 前に右手を出して向かい合った人と手をつなぐ。
③ 次に左手を出して手をつなぐ。
　　この時に、今手をつないでいる人、両隣の人とは手をつなげない。

指導のポイント

- 指導者は、夢中になりすぎて手がねじれてしまっている子どもには声をかけて、手をつなぎ直すように注意しましょう。
- 最後に円が2つや3つになることもありますが、それも成功です。

第1章 室内あそび

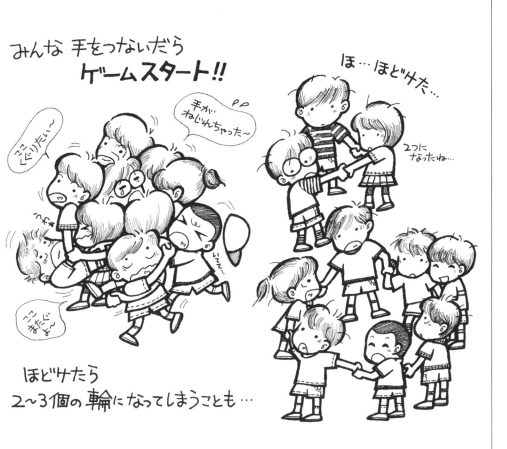

④ 全員が手をつないだらゲームスタート。つないでいる手を離さず、元の輪の状態に戻れるか競う。
⑤ 手がねじれたりしたら、その位置でつなぎ直すことができる。

第2章

屋外あそび

子どものあそびの重要性について、日本学術会議健康・生活科学委員会健康・スポーツ科学分科会『子どもを元気にする運動・スポーツの適正実施のための基本指針』(2011年)では、「幼児期から学童期の子どもの身体活動は、あそびを通じてさまざまな工夫を行う能力や、コミュニケーション能力の発達にも重要な役割を果たす。とりわけ身体を活発に使うあそびは、運動に付随する身体感覚を用いた情報の取得・伝達能力の発達を促進するものである。したがって、身体活動を含むあそびの減少は、対人関係や対社会関係をうまく構築できない子どもを生むなど、子どもの心の発達にも重大な影響を及ぼすことになる」と、あそびはスポーツに取り組むためにも必要な活動であると述べています。

さらに、それはここ20年ほど前と比較して子どもの体力が著しく減少し、運動する子としない子の2極化傾向がみられることから、子ども時代の身体活動・体力が大人になってからの運動習慣・健康に大きな影響を与えることを考えた時、今まさに喫緊の課題となっています。いい換えるなら、健やかな身体を育むためにはスポーツに取り組むだけではダメで、仲間とのあそびを中心とする

楽しい多様な動きが経験できる身体活動が重要であるということです。ここで述べられている身体活動というのは、中村和彦が提唱する36の基本動作（右表）をいかにあそびに取り入れてあそぶことができるかが課題となるのです。

文部科学省でも世界保健機関（WHO）が定めている『子どもの身体活動ガイドライン』にならい、幼児期からの運動習慣の基盤づくりを目指した『幼児期運動指針』(2013年)を策定し「幼児はさまざまなあそびを中心に、毎日合計60分以上楽しく身体を動かすことが大切です！」（これは児童期もほぼ同じ内容です！）としています。

しかし、児童期になると屋外ではもっぱらドッジボールなどのスポーツ的なルールが明確なあそびが大半となりがちです。幼児期から自由なあそびを通して創造力、算数能力、社会性、音楽・運動能力など（非認知能力）が高まると、それが生涯にわたって影響を与えることが重要だと考えられます。

そもそも屋外あそびはおきて破りでエネルギッシュな活動なのです。たとえば、一般的なスポーツであるラグビーもそのはじまりは1923年にイングランド（イギリス）の「ラグ

あそびを中心とする多様な動きが経験できる身体活動が重要

ビー校」の生徒がフットボール（サッカー）の試合に夢中になり、足以外でボールを触ってはいけないというルールを忘れて手でボールを持って走ったことが始まりです。

　また、今やアルティメットというスポーツにまで成長しているフリスビーは、1940年代にアメリカのエール大学の学生がキャンパス近くの「フリスビー・パイ」という名前のパイ屋のパイ皿を投げてあそんだことから商品開発されたあそびです。さらに、2020年東京オリンピックの正式種目となり、わたしたちに感動を与えたスケートボードも1940年代にアメリカ西海岸のストリートカルチャーの1つとして始まったとされています。最初は木の板に鉄製の戸車をつけて滑り、1950年代にゴム製の車輪をつけるようになり、今日のスケートボードに発展したといわれています。

　高価なスポーツ用具やおもちゃを買うことができなかった少年たちが街中で階段を跳び越え手すりを滑り、当然のように街の大人たちからは嫌われる存在だったに違いありません。それが今やオリンピックの花形種目となっているのです。こういった可能性を秘めている活動が屋外あそびだと考えられるのです。

　ところが、最近は日本の都市公園では大人のゲートボールは許されても、子どものボールあそびは禁止で、挙句の果てに大きな声であそんではいけません！という看板が立てられるようになりました。これでは子どものあそび文化が発展するわけはないのです。

　屋外編では自分たちで話し合い、ルール変更が可能なあそびを中心に紹介していますので、指導者はあそびを細かな時間で区切らずに、子どもたちが自分たちで自由に工夫することができる環境を大切にしてほしいと願っています。

36の基本的な動き

出典：国立青少年教育振興機構
　　　幼児期の遊びを中心とした運動プログラム開発・普及委員会

Place 屋外　20人くらい　レベル 1 2 3

人工衛星まわせ！

全身を使う激しいあそびです。並び方によって勝敗が決まるので、誰の隣に並ぶかを考えるようになるし、人数が少なくなると強い人を集団でねらうなどの作戦が生まれてきます。

あそび方

① 全員で手をつないで内側に向いて円をつくる。
② 全員で声を合わせ「人工衛星、人工衛星ま〜わせ！」といいながら時計回りに回る。
③ 最後の「せ！」の言葉をいい終わったら、仁王立ちで止まり、試合開始。
④ 自分の左右の人と手を離さず、引っ張ったりゆるめたりして動かす。

指導のポイント

● 何回か繰り返すうちに力の強い子をみんなで引っ張って負かす工夫ができるようになるとよいでしょう。

⑤ この時に片足でも動いてしまったり、手を離したら負けとなり、円からぬける。
⑥ 負けた人がぬけたら、残りの人で手をつなぎ直して②③から再度はじめて、第2試合開始。
⑦ 負けた人がぬけていき、最後に残った2人が勝者となる。

渦巻き陣取り（カタツムリ）

ジャンケン陣取りあそびにはいろいろな変形バージョンがあります。このあそびは狭い場所を想定して考えられたと思われ、そのことでカーブし続けて走るという新たな楽しさが生まれました。

あそび方

① ろう石（なければチョーク）で絵のようなコートを地面に描く。
② それぞれのチームは渦巻きの中心と外側に分かれる。
③ 各々のチームで走る順番を決める。
④ リーダーの「スタート！」の合図で、各々の陣地から渦巻きに沿って走る。

準備するもの

- 地面にコートを描くろう石 またはチョーク
- ろう石やチョークの線を 消すためのたわしなど

指導のポイント

- 最後の陣地近くでの攻防が激しくなるので、しっかり判定を下す必要があります。
- あそび終わったら、地面に描いた線は必ず消しましょう。

第2章 屋外あそび

⑤ 出会った所でジャンケンをして、負けた人は自分の陣地へ戻り、次の人はすぐに走り出す。
⑥ 勝った人はそのまま走り続け、次の人とジャンケンをする。
⑦ ジャンケンに勝った人が進み、最後に相手チームの陣地に入った人のチームが勝ちとなる。

Place 屋外　　10人くらい　　レベル 1 2 3

はじめの一歩（だるまさんがころんだ）

鬼のすきをねらって子はだんだん鬼に近づくスリルを楽しみ、鬼は「だるまさんがころんだ」の声のスピードに変化をつけて、子のミスを誘発するかけ引きのおもしろさを楽しむ伝承あそびです。

あそび方

① ジャンケンで鬼を1人決め、残りは子になる。
② 鬼は木や壁などの前に子のほうを向いて立つ。
③ 子は鬼から10mくらい離れた場所に横1列に並んで立つ。
④ 子は全員で声を合わせて「はじめの一歩！」と叫び、大きく一歩だけ踏み出す。
⑤ 子が止まったら鬼は後ろ向きになり「だるまさんがころんだ！」（スピードは自由）と叫び、いい終わるやいなや子のほうに振り向く。
⑥ 子は鬼が「だるまさんがころんだ！」と叫んでいる間に鬼に近づいて止まる。
⑦ 鬼は振り返った時に動いている子の名前を呼び、呼ばれた子はアウトで捕まる。
※ 足や腕以外は動いてもよいルールと腕や頭も動いてはダメなルールがある。

指導のポイント

- 鬼が「ストップ!」と叫んでもすぐに止まらず、勢いで何歩も行ってしまう子もいて、それを許すとあそびが成り立たなくなります。お互いの性格が出るあそびなので指導者はしっかり観察して指導することが重要です。
- 慣れてきたら、「切った!」の後、鬼は5数えて「ストップ!」とするなど、ルールを加えてあそびを発展させるとさらにおもしろくなります。

⑧ 捕まった子は鬼と手をつなぐ。次にアウトになった子は前に捕まった子と手をつなぎ、1列になる。
⑨ 子はできるだけ鬼に近づき、鬼と子がつないでいる手を切り「切った!」と叫ぶ。
※ 切られた子はなるべく早く遠くまで走って逃げる。(捕まった子が1人もいない時は鬼に直接タッチして「アウト!」と叫んで、鬼はもう一度最初からやり直しとなる。
⑩ 鬼は切られた瞬間「ストップ!」と叫び、子はその瞬間立ち止まる。
⑪ 鬼は自分の立っている場から5歩進み、できるだけ多くの止まっている子にタッチする。
⑫ タッチされた子たちはジャンケンをし、負けた子が次の鬼になる。

どこ行き

このあそびはただ走るだけでなく、自分がねらった場所に石を投げ入れるという課題を加えて、複雑になった伝承あそびです。

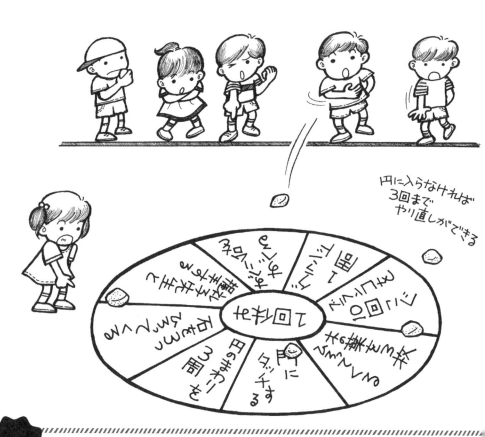

あそび方

① ろう石（なければチョーク）で絵のように直径2〜3mくらいの円を地面に描き、真ん中には直径30cmくらいの円を描いて、真ん中の円には「1回休み」と指示を書く。

② さらに円を8等分する線を書き、その中にいろいろな指示を書き入れる。

※ 指示の例　「滑り台を滑る」「ブランコを10回こぐ」「ジャングルジムのてっぺん」「鉄棒で前回り1回」「グラウンドを1周」「○○先生にタッチ」「木の葉を3枚持ってくる」「円の周りを3回まわる」など。

③ 円から3mくらい離れた場所に横向きに1本線を描いて準備完了。

準備するもの

- □ 地面にコートを描くろう石またはチョーク
- □ 石けりの石か、チェリング（絵のようにつなぐ）
- □ ろう石やチョークの線を消すためのたわしなど

指導のポイント

- 昔は石けりに自分が気に入った平たい石を投げていました。また、石けり専用の大型のおはじきも売られていました。今は安全を考えて、チェリングをつないで絵のようにするとよいでしょう。
- あそび終わったら、地面に描いた線は必ず消しましょう。

第2章 屋外あそび

④ ジャンケンで勝った順に、線の後ろから円に向けて石を投げ入れる。
⑤ 円に入らなければ各自3回までやり直しができる。3回やって入らなければ一番大変な指示に従う。
⑥ 石が入った人は円の中の指示をしっかり読んでおき、全員が投げ入れたら声を合わせて、「どこ行き！」と叫び、指示にしたがって素早く行動をする。
⑦ 指示どおりにしたら、自分の石を取って早く線のところへ戻る。
⑧ 早く戻った人が1位となる。

屋外　　10人くらい　　　　　　　　　レベル 1 2 3

田の字（春夏秋冬）

地域によって呼び名が異なる伝承あそびです。ここでは基本形を紹介していますが、自分たちで自由にルールを変えて楽しみましょう。

あそび方

① ろう石（なければチョーク）で絵のようなコート（道幅50cmくらい、四角は一辺5mくらい）を描く。4つの四角に反時計回りに春・夏・秋・冬と書く。

② 鬼はこの十字形の道の中から出ないように子にタッチして、全員をアウトにする。

③ 子は最初に春の四角に全員が入る。四角の中にいても鬼が手を伸ばしてタッチしたらアウトになりコートの外に出る。

準備するもの

- ☐ 地面にコートを描くろう石またはチョーク
- ☐ ろう石やチョークの線を消すためのたわしなど

指導のポイント

- 子が回る順番を鬼が指定したり、タッチされた子が鬼と交代したり、タッチされた子全員が鬼になったりと参加している子どもたちの力量に合わせて、いろいろな変形のあそび方で楽しみましょう。
- あそび終わったら、地面に描いた線は必ず消しましょう。

第2章 屋外あそび

④ 子は鬼のすきをうかがい春から夏へ移る。それが成功したら、次は秋・冬と順番に回り、最後は春に戻る。子が1人でも春に戻ったらゲーム終了。

⑤ 1回目が終了したら、次のゲームはアウトになった子が全員でジャンケンし、負けた人が次の鬼になる。

Place 屋外　　20人くらい　　レベル 1 **2** 3

見たス！（アヒルの足とっかえ）

鬼に見つからないように、自分でケンケンの軸足をかえるスリリングなあそびです。あそんでいるうちに体幹が鍛えられます。

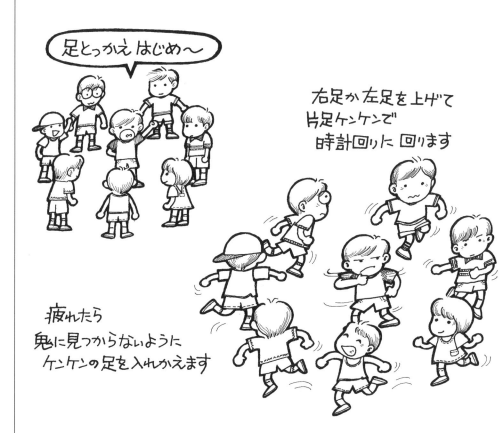

あそび方
① 鬼が真ん中に立ち、その周りをみんなで円をつくって囲む。
② 鬼の「足とっかえはじめ～！」のかけ声を合図に、円にいる子は右足か左足を上げて片足ケンケンで時計回りに回る。
③ ケンケンして疲れたら上げている足を鬼に見つからないように入れかえる。

指導のポイント

● 疲れた子のためフープなどを置いておき、両足で立てる安全地帯を設けてもよいでしょう。

④ 鬼はその場でくるくると見回し、足を入れかえる子を見つけ、その子を指さして「見たス！」と叫ぶ。
⑤ 見つかった子は鬼を交代して、「足とっかえはじめ〜！」といい、再開する。

屋外　20人くらいまで　レベル 2

集団押し相撲

陣地の中にいる人を押し出す力くらべの戦いです。相撲とちょっと異なるのは陣地に片足でも片手でも体の一部が残っていれば続けて闘うことができる、根性と体力がものをいうあそびです。

あそび方

① ろう石（なければチョーク）で絵のようなぐちゃぐちゃの形の陣地を描く。
② 周りにいる人は全て敵なので、両手で押したり引いたりしながら陣地の外へ出す。
※ プロレスではないので、頭から下しか攻撃はできない。もちろんキックやチョップは禁止。
③ 人数が少なくなると逃げ回るだけの人が出てくるが、それは反則となる。
④ 最後まで生き残った人が優勝。

■準備するもの

☐ 地面にコートを描くろう石またはチョーク
☐ ろう石やチョークの線を消すためのたわしなど

指導のポイント

- 指導者は子どもたちと相談して、参加人数によって陣地の形や大きさを決めます。このあそびはどうしてもエキサイトしがちなので、指導者は様子を見ながらストップをかけるようにします。
- 指導者はあそびが終わったらコートを必ず消すことを忘れないでください。

木とリス

新しい友だちをつくることが苦手な人がいる時に、このゲームをすることで新しい出会いをつくることができるあそびです。

あそび方

① 3人で1組になる。
② 3人のうち2人は両手をつないで木の役になり、残りの1人は木の中に入ってリスの役になる。
③ 3人組にならなかった人はリーダーになり（2人だったら相談する）、「木！」あるいは「リス！」と叫ぶ。
④ リーダーが「リス！」と叫んだら、木の役の人は動かずにリスだけが今いる木から他の木に移動する。

指導のポイント

● 子どもたちがルールを理解できていなさそうな場合は、まず指導者が何回かリスの移動を繰り返し、その次に木の移動を繰り返し、最後に「嵐がきた！」の練習をして、子どもたちが順次理解してから本番に入るとよいでしょう。

⑤ この間にリーダー役の人もリスになってどこかの木に入る。
⑥ 木に入れなかったリスが次のリーダーになる。
⑦ もし、リーダーが「木！」と叫んだら、木の役の人はつないでいた手を離し、新しい人を探して手をつなぎ、リスを見つけてリスを囲む。
※ この間リスは動かずに手を上げて新しい木がくるのを待つ。
⑧ この間にリーダー役の人も木になって誰かと新しいリスを囲む。
⑨ 全員を入れ替える時は「嵐がきた！」と叫び、新しい3人組をつくって再スタートする。

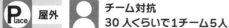

集団子とろ鬼

子とろ鬼は、平安時代の天台宗の僧、恵心僧都によってつくられた仏教絵画が始まりだとされています。このあそびは、それをダイナミックな集団あそびに改作したものです。

あそび方

① 5人で1列になり、後ろの人は前の人の腰につかまって、ヘビのようになる。
② リーダーの「はじめ！」の合図で、チーム対抗で先頭の人は他のチームの後ろの人にタッチするように動き、ねらわれたチームは後ろの人がタッチされないように逃げる。
③ 後ろの人がタッチされたチームや、ヘビがちぎれてしまったチームはアウトとなり、その場でしゃがむ。

指導のポイント

● 他のチームを攻撃するにしても、相手チームから逃げるにしても、ヘビがちぎれないように全員で工夫して歩かなければなりません。勝ち気にはやってしまいがちな人が先頭になって途中でちぎれることがある時は2回戦目に先頭を交代するように指導することが必要となります。

『三国伝記』（1431年）には地獄の鬼が罪人を取って食おうとするのを地蔵菩薩が守る此此丘女(ひふくめ)の仏教絵画に描かれています。

④ 後ろの人がタッチされないように、後ろの人を真ん中にしてとぐろを巻くのはOKだが、他のチームがそのチームの先頭の人の前に立ち10カウントを数えて戦いをいどまれたら、10カウント以内にとぐろを解かなければならない。

チーム対抗
1チーム10人くらい

レベル 1 2 3

フープリレー

最初は数人の個人プレイになりがちですが、チーム対抗でタイムを競い合う中で全員が意見を出し、試行錯誤しながら自然に協力関係が芽生えるあそびです。

あそび方

① 全員で手をつないで輪になって真ん中を向いて立つ。
② つないだ手にフラフープをかける。
③ リーダーの「はじめ！」の合図でフラフープをくぐって時計回りにリレーする。
④ フラフープが元の場所まで戻ったら成功。
⑤ リーダーは時計で時間を計り、何秒かかったかを発表する。
⑥ 1回目はお試しタイム。2回目からが本番。

準備するもの

☐ 1チーム1本のフラフープと同じ直径のなわとびくらいの太さのロープの輪

指導のポイント

● このあそびは全員での協力を引き出すのがポイントになるので、リーダーの声かけが重要になります。たとえば作戦タイムの前に「タイムを縮めるポイントは全員で協力することだよ」とか「手を離さなければ何をしてもいいんだよ」というような具体的に協力行動が生じるように促すことが重要です。

⑦ この時リーダーは「手を離さずにどうしたら全員で協力して時間短縮できるか考えて！」とアドバイスし、作戦タイムを3分間とるようにする。
※ もちろん試してみるのもあり。
⑧ フラフープでの対抗戦の後はさらに難しいロープの輪に挑戦しよう。
（ロープの挑戦になると、手をつないだ他のメンバーがどのように協力するかが成功の鍵となる。手をつないでさえいれば指を使って向かいのメンバーの頭に輪をかけてあげるのもあり）

ボールけり（缶けり）

かくれんぼと鬼ごっこを合わせた伝承あそびです。植え込みや木立のある場所があったらチャレンジしてほしいあそびです。

あそび方

① 直径5mくらいの円を描き、その中にドッジボールを置く。
② ジャンケンで鬼の役を1人決め、残りの人は隠れる役になる。
③ 逃げる人の中で1人がボールをけったらゲーム開始。
④ 鬼はけられたボールを足で円の中に戻し、隠れている人を探す。
⑤ 隠れている人を見つけたら「○○ちゃん見つけ！」と叫び、円に戻ってボールに足でタッチする。見つかった人はアウトになり、円の周囲に来て待機する。

■準備するもの

☐ 地面にコートを描くろう石 またはチョーク
☐ ろう石やチョークの線を 消すためのたわしなど
☐ ドッジボール

指導のポイント

- 以前は空き缶をけるあそびでしたが、現在はアルミ缶、スチール缶が増えて、けるとへこんでしまい使い物になりません。指導者は安全のためにもボールを使うようにしましょう。
- 全員一斉に突撃することで、必ず鬼が負けることに気がつくと、何度もこれを繰り返してゲームが成り立たなくなります。このような場合にはこれに制限をかけるよう気配りしましょう。
- あそび終わったら、描いた線は必ず消しましょう。
- あそびに慣れてきたら、指導者は隠れる役の人の服や帽子を取り替えて鬼に人違いさせたり、わざと大声を出して鬼を翻弄するといった作戦をしむけるとよいでしょう。

第2章 屋外あそび

⑥ 見つけられた人が鬼より先に円に来て、鬼がボールにタッチするより早くボールをけることができた時はセーフとなり、鬼は再度ボールを円に戻して再スタート。

※ 鬼が隠れている人を探しに行っている間に、隠れている人は鬼のすきをねらってボールをけることができる。ボールがけられたら、アウトになっていた人も逃げてゲームに復帰できる。

⑦ 隠れる役の人が全員アウトになったら、最初に見つかった人が新しい鬼になる。

| Place | 屋外 | 1チーム10人くらいで、20人くらいまでの2チーム対抗戦 | レベル 1 2 **3** |

Sケン

思いっきり体をぶつけ合う肉弾戦のような宝盗りです。体も頭も使う仲間同士の作戦やチームワークが勝利の決め手になる、伝承あそびの王様的あそびです。

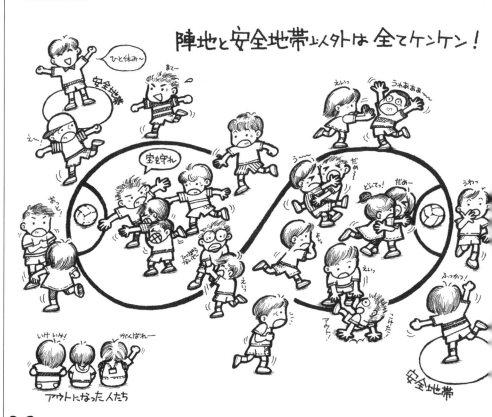

あそび方

① ろう石（なければチョーク）で絵のようにドッジボールのコート（10m×20m）の半分くらいの広さの場所に、宝置き場と安全地帯の○をS字の両端に描く。
② リーダーの「試合開始！」の声がかかるまでは各々のチームはS字の中で待機する。
③ 「試合開始！」のかけ声と共にチームは攻撃組と守備組に素早く分かれ、攻撃組は相手チームの宝を奪いにS字の途切れた出入口から外へ出て行く。
④ S字の外側では片足ケンケンで移動する。両足で立つことができるのは○の安全地帯だけ。

準備するもの

- □ 地面にコートを描くろう石 またはチョーク
- □ 宝物に見立てた ゴムまり2個
- □ ろう石やチョークの線を 消すためのたわしなど

指導のポイント

- ● 大変エキサイティングなあそびなので、興奮してパンチやけりをする人が出ることもあります。指導者は事前に注意することはもちろん、試合中もよく見ていて行き過ぎた行為はすぐに止めるようにしましょう。
- ● あそび終わったら、描いた線は必ず消しましょう。

⑤ 敵陣の出入口から中に入ったら両足をついて相手の宝を奪う。
⑥ 守備組は侵入した敵に体当たりをしたり、組みついたりして自分の陣地から敵を追い出す。
攻撃組は両手をついてしまっても陣地の線から出ない限りアウトにはならないが、アウトになったらゲームからはずれる。
⑦ 片足ケンケンで移動中も敵を攻撃できるが、片足ケンケンで体当たりして相手が両足や手をついたらアウトとなりゲームからはずれる。
⑧ 相手の宝を奪い「盗った！」と叫ぶか、相手チーム全員をアウトにしたら勝ち。

屋外 10〜15人くらい レベル 1 2 3

人間いす

仲間への信頼と協力が試されるあそびです。いろいろなあそびをしたあと、最後に仲間とのあそびの楽しさを印象に残す時に行うと効果的です。

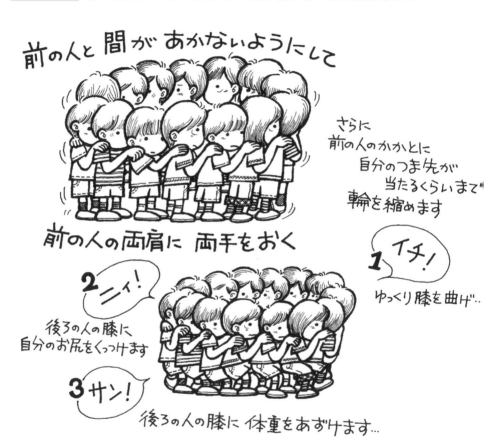

あそび方

① 全員で輪になって立ち、左を向き前の人と間があかないようにして前の人の両肩に両手を置く。
② 前の人のかかとに自分のつま先が当たるくらいまで輪を縮めて距離をつめる。
③ この時に輪がきれいな円になるようにする。
④ 次に全員で声を合わせ「イチ！」といいながら、ゆっくり膝を曲げる。

指導のポイント

- 前の人との距離が離れていたり、輪を縮める時に円にならず楕円や四角になってしまうとうまく座れないので注意が必要です。

やったー！ いえーい！

全員一斉に「それ！」で立ち上がって終了！

⑤ さらに「ニイ！」と続けてさらに膝を曲げ、後ろの人の膝に自分のお尻をくっつける。
⑥ 最後に「サン！」の声で後ろの人の膝に自分の体重を預ける。
⑦ 全員が肩から両手を離し、両手を上げて「やったー！」でも「いえーい！」でも、全員で叫んだら人間いすの成功。
⑧ 全員いっせいに「それ！」のかけ声で立ち上がって終了。

ろくむし（六虫）

最近の子どもたちはゴムボールを投げ合う体験が少なくなっています。ウォーミングアップの意味も込めてキャッチボールをして、ゴムボールの扱いに慣れましょう。

あそび方

① ろう石（なければチョーク）で絵のように15〜20mくらい離れた所に直径1mくらいの円を2つ描く。
② 鬼を2人決め、残りの人は子になる。
③ 円の中で鬼がボールを投げ合う間に、子は2つの円の間を走る。
※ 子は一度円を出たら同じ円に戻ることはできない。
④ 1往復で「いちむし」となり、6往復すると「ろくむし」となり、1人でも成功すれば、子の勝ちになる。

指導のポイント

- 指導者は子どもたちの投球能力に応じて円の距離を変えます。円の距離が近くなると子が有利になり、遠くなると鬼が有利になります。
- 子が低学年の場合は足に当たってもセーフとするようにすれば年齢差をカバーできます。
- あそび終わったら、描いた線の跡は必ず消しましょう。

準備するもの
- 地面にコートを描くろう石またはチョーク
- ゴムボール1個
- ろう石やチョークの線を消すためのたわしなど

⑤ 鬼は走っている子にボールを当てることができ、当てられた子はアウトとなり試合からはずれる。
※ 鬼の投げたボールを子がキャッチした場合、子はセーフとなり、そのボールを遠くに投げ捨てることができる。
⑥ 子が全員当てられると鬼の勝ちとなる。
※ 子が少なくなると子はなかなか走り出さなくなるので、その場合は鬼がボールを投げ合う中で、ボールを1往復させると「いちむし！」、2往復で「にむし！」と子に告げ、子は鬼が「ろくむし！」と告げるまでに円を出ないとアウトになるようにする。

第3章

野外あそび

2017年に改訂された『幼稚園教育要領』『保育所保育指針』『幼保連携型認定こども園教育・保育要領』では、①知識及び技能の基礎　②思考力、判断力、表現力等の基礎　③学びに向かう力、人間性　を柱とし、具体的には"幼児期の終わりまでに育って欲しい10の姿"を視野に入れた指導を通して小学校との連携・接続を図ることが明記されています。

ここでは特に「主体的・対話的で深い学び」という文言で示されるように、あそびの中で子どもが自ら行動したり体験したり、仲間と共に考えることが重要視されているのです。この中で懸念されるのは10の姿の中で一番取り組みが難しいと思われる自然との関わり・生命尊重についてです。

日本のみならず、世界の川を旅したカヌーイストの第一人者であった野田知佑は、晩年子どもたちの川あそび学校を主催し、それまで日本のどこの川でも時間を忘れあそびまわっていた子どもの復権を夢見て吉野川で「川ガキ」養成講座を開いていました。

それは高度経済成長に伴い共稼ぎ家庭が増加し、健全育成と称して子どもの放課後の時間も学校や地域の大人が健康と安全を見守ることが強化され、危険だと思われる自然環境でのあそびを次々に禁止していったことによって子どもたちが自然の美しさや自然の恵みの大切さなどを見失ってゆくことへの危機感から始めた活動でした。

そこでは自然の中で自分の命を守る技術や生活の知恵となることは教えてもらえますが、それ以外の人との関わりは自分で考え行動するというまさに今日のアクティブラーニング的な活動が展開されていました。そして周りの大人は子どもたちに寄り添いながらも極力見守り役に徹した付き合い方をして、子どもたちが自然にどっぷり浸る活動を大切にしていたのです。

環境教育研究者の小澤紀美子は「子どもの野生が失われた！　自然は生きる力の原点！　自然体験はサプリメントとして与えることはできない！」と自然体験の欠如に警告を発しています。この言葉は飼育活動や栽培活動といった知識を育む活動ではなく、自然に没頭しそれに熱中することで五感を育む原体験につながる活動が重要だということを示している言葉です。

1960年代に環境問題を告発した生物学者レイチェル・カーソンは著書『センス・オブ・ワンダー』の中で、自然がもつ神秘さ不思議さに目を見張る感性を持ち続けさせることの重要性と、少なくとも1人は、子どもと感動を分かち合う大人がそばにいることの

「感じる」ことの大切さを知る
自然体験の意義

重要性を述べ、さらに「知ること」は「感じる」ことの半分も重要ではないと自然体験の意義について記しているのです。

　持続可能な社会を創るために必要な自然観を育てるためには生き物との関りを欠くことはできないのですが、子どもに寄り添って生き物と関わる自然体験ができる指導者の数となると幼児教育関係では2割程度といった調査結果もあり、心もとない限りとなっています。

　著者もかつては小学校教諭、幼稚園教諭と保育士を養成する女子大学で教鞭をとっていたのですが、虫との関わりはセミがつかめない学生が圧倒的多数で、理由はごつごつした体がバタバタするのでいや！カブト虫やクワガタ虫でさえ半分以上が色艶がG（ゴキブリ）に似ているからいや！教室にハチが飛んでくれば多くの学生が跳びあがり、授業にならない状態もありました。子どもたちが好む虫のうちで、せいぜい半数ぐらいの学生がつかめるのはトンボとチョウでした。反対に本当に刺されると命にかかわるスズメバチがどのくらいの大きさでどんな模様をしているかについて携帯で見てごらん！といわれて初めてその姿や形を知るといった具合で、本物はほとんど見たこともない学生が半分以上でした。ドクガもイラガの幼虫も知らないのに自然界にいる虫はその多くが危険そうなので、なるべく手で触れない、触れたくないという反応なのです。絵本で描かれるきれいなはらぺこあおむしは大好きでも、本物の尺取虫の不思議な足運びやさなぎからチョウが出る羽化の感動的な瞬間は全く興味がないし、まるで多くの虫が不潔で有害な存在と捉えて

いるようなのです。テレビCMで流れる殺虫剤や除菌スプレーが人間にとって無害で有効な常在菌さえも死滅させることに対して危機感を感じた医学博士の藤原紘一郎は「自然に親しむと人間の免疫力は上がる」とし、過剰な清潔信仰をやめて、腸内細菌を活性化して免疫力を高めるためにも、欧米型の虫を病原因子と捉え排除すべきという考えを改めるべきであると述べています。

　これは欧米でも学校教育の見地からアメリカの環境教育の研究者・推進者であるデイビット・ソベルが子ども時代にエコフォビア（自然忌避）を誘導してしまうことの問題点を指摘していることと共通します。しかし、バブル崩壊期以降に子ども時代を過ごした保護者はすでに野外あそびの体験が乏しく、わが子を「バブルラップドキッズ（保護材で包まれ、空気清浄機の部屋で過保護に育つ子どもたち）」にしてきた可能性があり、その子どもたちがすでに成長して、子どもの指導者世代になっていると考えられます。

　そこで野外編では指導者を含めて無理に生き物と関わる自然体験をするのではなく、あそびの舞台を草原や林の中にすることで、あそびに夢中になっているうちに自然に生き物とも触れ合うことができるあそびを紹介しています。

　指導者は安全に配慮し、現場の事前調査をして、子どもたちの服装や持ち物を決め、子どもや保護者にあらかじめ周知しておくことが必要となります。実施に当たっては安全確保のため、活動当日に子どもたちに活動範囲を示すことが重要です。

Place 野外　チーム対抗 一度に10人くらい　レベル 1 2 3

土手滑り

最初はおっかなびっくり。でも慣れてくると、草のにおいや風を感じられる爽快感たっぷりのあそびです。20～30度くらいの斜度で草が生えている土手があればぜひやってみましょう。

あそび方

① 自分のお尻が乗るくらいの大きさの段ボールかビニール袋を用意する。
② 段ボールに乗って滑るのもいいが、すぐにお尻が外れてしまうようなら、絵のように段ボールに穴を開けて、ビニールひもやスズランテープをみつあみにしたロープで取っ手をつけるとよい。
③ ビニール袋の場合は、先端を持ち上げるように両脇をしっかりにぎるとお尻が外れない。

準備するもの

- □ 1人1枚の段ボール（縦50～60㎝、横30～45㎝）か、同じくらいの園芸用の土の入っていたビニール袋
- □ よったビニールひもやスズランテープ

同じ場所でも季節によって生えている草の状況が変化して、滑り具合が変わってきます。植物の成長や自然に触れることも一緒に楽しみましょう。

指導のポイント

- 指導者は利用する斜面にガラスや空き缶などの危険物がないかあらかじめチェックが必要です。また、最後の斜面が変化するところで止まるように指導しないと、急に止まって前のめりになってしまうので、停止位置の指導をしてください。
- 草の汁で衣服が汚れることもあるので、あらかじめ汚れてもよい服装であそぶように伝えましょう。

Place 野外　　1度に3人くらいで競争する　　レベル 1 2 3

誰が早いか笹舟レース!

草花あそびは失われつつあるあそびの一つです。笹舟づくりは指先の器用さと共に、どのような長さや幅の笹の葉を選ぶかによって速さが変わってきます。小さな流れがあったらぜひ試してみましょう。

笹舟を作ろう!

なるべく幅の広い笹の葉をさがす

1. 笹の葉の両端を点線のところでそれぞれ内側に折りまげる

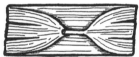

2. 折ったところにそれぞれツメでさいて切り込みを入れる

3. 切り込みで3つに分かれた両端を図のようにさしこんで組み合わせる

できあがり!

あそび方

① 笹の葉はなるべく幅の広いものを使うとつくりやすい。

② 笹の葉のつやつやしていない面の両端を真ん中くらいまで折り返す。

③ 折った部分を3等分にするように、それぞれの位置に爪を使って切れ込みを入れる。反対側も同様に切り込みを入れる。

準備するもの

□ 笹の葉 1人1〜3枚

指導のポイント

● 浅い小川だからと思っても、子どもは膝を超えた深さで転倒した際に溺れる可能性があるので、すねくらいの深さで行うように十分な注意が必要です。

第3章 野外あそび

④ 3つに分かれた切り込みの両端を絵のように差し込み、はずれないように組み合わせる。反対側も同様に組み合わせる。
⑤ 笹舟ができ上がったら、みんなで競争する。
※ どんな葉が適しているかな。笹の葉以外の葉でも試してみよう。

野外　 20人くらい　レベル 1 2 3

紙飛行機どこまで飛ぶの？

みんなで同じ飛行機を飛ばし、どのような紙の飛行機が長時間飛び続けるか、遠くへ飛ぶかを競います。草原や芝生の広場では、風の向きや強さを考えて飛ばすなど、かなり高度なあそびになります。

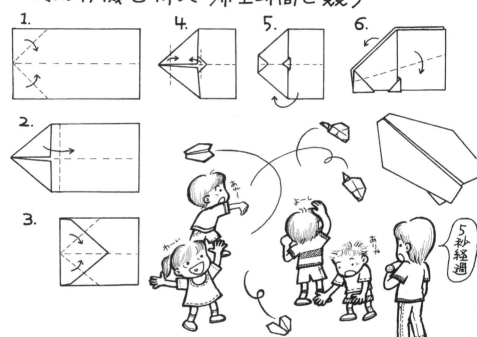

あそび方

① 全員で同じ折り方（滞空時間を競う「へそ飛行機」、飛行距離を競う「ヤリ飛行機」）の紙飛行機を折る。

② 滞空時間競技は指導者の「テイクオフ！」の声で全員がいっせいに投げて飛ばし、誰の「へそ飛行機」が最後まで飛んでいるかを競う。

※ 指導者は時計で「10秒経過！」というように途中経過を伝える。

準備するもの

□ 新聞の折り込み広告
　またはB5〜A4サイズの紙

指導のポイント

● 子どもたちが折り紙飛行機を折ることに慣れてきたら、各自で滞空時間が長い飛行機の折り方や、飛行距離が遠い飛行機の折り方を工夫して、いろいろなチャレンジができるようアドバイスしましょう。

ヤリ飛行機を折って 飛行距離を競う

③ 飛行距離競技は1人ずつ順番に飛ばして飛行距離を競う。

※ 投げる場所からメジャーで距離を計って、「飛行距離、○m！」と告げると、よりリアルになる。

お地蔵様

お地蔵様になりきってあそびます。鬼の見ていないすきをねらってサッと行動し、手のひらに乗せられた物を落とす決断と危機一髪を楽しみます。

あそび方

① 絵のように右手を上げて親指と人さし指で印を結び、左手は胸の前で手のひらを上に向ける。気をつけして動かないでお地蔵様になって1列に並ぶ。

② 鬼は並んで立っているお地蔵様の前を歩きながら、その手のひらの上に小石かどんぐりのお供えを1つずつ乗せていく。

③ お地蔵様役の子は通り過ぎた鬼のすきを見て、手のひらをひっくり返して乗せられた物を素早く落とし、何事もなかったふりをする。

■準備するもの

□ 手のひらに乗せる
　どんぐり、小石など

指導のポイント

● 子どもたちの中にはお地蔵様を見たこともなく、知らない子が数多くいます。お地蔵様は地域にまつられる「子どもの守り神」というような豆知識を、事前に話しておいてもいいですね。

第3章 野外あそび

④ 鬼は歩きながら急に後ろを振り向き（後ろをずっと見ながら歩くのはだめ）、お地蔵様が落とす瞬間を発見したらその子の名前をいう。名前を呼ばれた子はアウト！となり、その場にしゃがむ。

⑤ 鬼は端まで行ったら向き直り、戻りながら2個目のお供えを乗せていく。

⑥ 鬼が最初の場所に戻るまでにお供えを落とすことができず、2個のお供えを乗せられてしまった子もアウトになる。

⑦ アウトになった子は全員でジャンケンをして負けた子が次の鬼になる。

| Place | 野外 | チーム対抗 1チーム5〜6人 | レベル 1 2 3 |

森の宝探しビンゴ

日本は季節ごとに自然に親しむ機会がたくさんあります。五感を使ってあそぶことにより、その楽しみは大きく広がります。自然への気づきを深めるきっかけとなるあそびです。

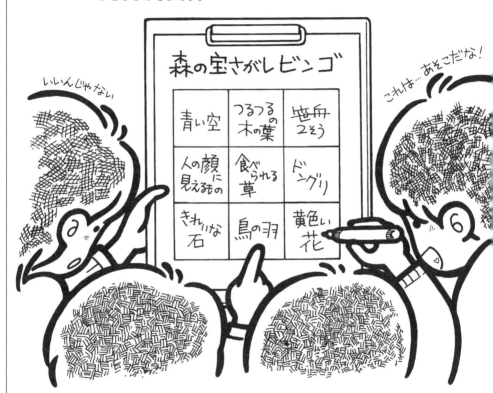

あそび方

① 指導者は森の中に、その季節にその場所で見ることができる自然物や現象を9つ設定しておく。（たとえば野鳥の羽、セミのぬけがら、どんぐり、木の葉、花などバラエティーに富んだもの）
② チームごとにバインダーにビンゴカードをはさみ、筆記用具と一緒に配布する。
③ 指導者は9つの課題を順に読み上げていく。
④ 子どもたちはチームで相談しながら、9つの課題をビンゴカードの9マスの好きな位置に書き込む。

| 準備するもの

☐ 絵のような9マスの
　ビンゴカード（B6サイズ）
☐ 筆記用具
☐ バインダー

指導のポイント

● あそび終わったら、指導者はみんなと一緒に全ての課題を確認しながらコースを回り、お互いの発見を分かち合って締めくくります。

第3章 野外あそび

⑤ 指導者は全てのチームが書き終わったことを確認し、制限時間と活動範囲を伝えた後、「スタート！」の号令をかける。
⑥ 子どもたちはチームで一緒に行動し、ビンゴカードに書いてあるものが発見できたらカードに〇印をつける。
⑦ 〇が縦・横・斜めのいずれか一直線に並んだらビンゴとなる。
⑧ 制限時間内にビンゴが数多くできたチームが勝ち。

野外　20〜30人くらい　レベル 1 **2** 3

まえ・うしろ・みぎ・ひだり（反対信号）

リーダーの言葉をよく聞きながら、いわれた通りに動いたり反対行動をとったり。リーダーとのかけ引きを楽しみます。キャンプファイヤーなどで行うと楽しいあそびです。

1. リーダーが言ったのと同じ言葉を叫んで 同じ方向に跳ぶ！

あそび方

① リーダーを真ん中にみんなで手をつなぎ合って円になる。
② 最初はリーダーが「ま〜え！」と叫び、みんなも「ま〜え！」と叫びながらいわれた通り前へ跳ぶ。
③ リーダーは「ま〜え！」「うしろ」「みーぎ」「ひだり」を使い分け、みんなは同じ言葉を叫びながらまちがえないように跳ぶ。
④ 次はリーダーが「ま〜え！」といったら、みんなは「ま〜え！」と叫びながら言葉とは反対に後ろへ跳ぶ。

指導のポイント

● リーダーの叫ぶ言葉の順番やタイミングがカギとなりますので、みんなの様子を見ながら言葉を発するように心がけましょう。

2. リーダーが言ったのと同じ言葉を叫んで反対の方向に跳ぶ！

3. リーダーが言ったのと反対の言葉を叫んでリーダーが言ったのと同じ方向に跳ぶ！

最初はリーダーの言葉をしっかり聞いて繰り返して叫び、いわれた通りに動きます。次はリーダーの言葉を繰り返して叫び、いわれたこととは反対に動きます。その次はリーダーの言葉と反対の言葉を叫び言われた通りに動きます。手をつないでいるので、間違えると大混乱になります。

⑤ リーダーはこの後、「ま〜え！」「うしろ」「みーぎ」「ひだり」を使い分け、みんなは同じ言葉を叫びまちがえないように跳ぶ。

※ このあたりになるとまちがえて跳ぶ人が出てくる。

⑥ さらに難しくして、次はリーダーが「ま〜え！」といったら、みんなは「うしろ」と叫びながら前へ跳ぶ。

※ 手をつないでいるので、グダグダになる人も出てくることが楽しい。

第3章 野外あそび

Place 野外　　20人くらい　　レベル 1 **2** 3

リーダーは誰だ！（震源地）

みんなをまとめ、鬼の目を盗んで次の動作を考えて瞬時に行動し、みんなにわかりやすく伝えるリーダー体験をすることに価値があるあそびです。

 あそび方

① 鬼を1人決めて、全員が内側に向いて円をつくる。
② 鬼はいったんみんなから見えない場所に行き、みんなの相談が聞こえないようにする。
③ 鬼がいない間にみんなで誰がリーダーになるか相談をする。
④ 最初はみんなでそろって手拍子をし、鬼に円の真ん中に入ってもらう。

指導のポイント

● あそびを始める時にいろいろな動きの例を指導者が伝えておかないとバラエティーに富んだ動きが出てこないので注意が必要です。

⑤ リーダーは鬼に気づかれないようタイミングを見て、手拍子から次の動作に変え、残りのメンバーはその動き（足踏みする、ジャンプする、万歳する、腰を振る、など）を真似をする。
⑥ リーダーはこれを繰り返し、鬼はリーダーが誰なのかを当てる。
※ 鬼がリーダーを当てる回数をあらかじめ決めておく。

Place 野外　　演じるのは5人くらい　　レベル 1 **2** 3

みんなでつくるキャンプファイヤー
トーチトワリング

キャンプファイヤーというと、井桁に組んだ薪に代表が点火するというスタイルを思い浮かべますが、今回は集団で行う一味違ったかっこいい点火方法を紹介します。

あそび方

① トーチ棒の下から3cmくらいの位置に釘を打ち込み、先と元を切り落とす。

② 反対側にタオルなど木綿の布をしっかり巻きつけ、その上から針金を巻いてとめる。この時に根元側を強く巻き、先端に向けて巻き上げた後に下へ巻き戻し、2本の針金をねじって切り落とす。

③ 布の部分に灯油をしみこませ、木などに立てかけて灯油をきっておく。

準備するもの

- □ 50cmくらいのトーチ棒1人2本
- □ 木綿の布
- □ 針金
- □ 釘
- □ ペンチ
- □ 灯油

指導のポイント

- ● 火を扱う活動なので、指導者は事前に子どもたちに十分に注意喚起することが必要です。
- ● 場合によっては、本番同様に火をつけたトーチを見せて指導者が模範演技を行い、その後、火をつけないトーチで練習して、子どもたちが本番で不安にならないようにします。

第3章 野外あそび

④ 本番では2本のトーチを持ち、絵のように人さし指と中指にはさんで回すので、あらかじめ練習をしておく。
⑤ 回し方は絵のような5種類があるので、太鼓などのBGMに合わせてどんな順番でどのくらい回すのか決めておくと集団で演じた時に美しくなる。
⑥ 演技が終了したら、全員で走り込んでキャンプファイヤーに点火しよう。

野外　 20人くらい　レベル 1 **2** 3

缶トーチでステキな夜の演出

キャンプファイヤーはしないまでも火を用いて夜を演出することはワクワクする体験となります。そんな時にぴったり！ 空き缶でつくるトーチを照明とした舞台づくりを紹介します。

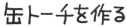
缶トーチを作る

小さな空き缶のフタを上げる

空き缶の中に木綿のボロ布やタオルをぎゅっと詰める

ボロ布に灯油をしみ込ませる

触ったり蹴ったりしないこと！

あぶないぞっ

あそび方

① 空き缶の中に木綿のぼろ布やタオルをぎゅっと詰める。
② 布にしっかりしみ込むように灯油を注ぐ。
③ 本番では、演出を考え配慮して点火する。
④ 缶トーチの数や配置は、人数や舞台で何をするかで変えるとよい。
⑤ 大きさにもよるが1つの缶トーチで15〜20分は燃焼する。

■準備するもの

- ☐ 直径8〜10cmであまり高さのない空き缶
- ☐ 空き缶の中にぎゅっと詰めることのできる量のタオル
- ☐ 灯油

第3章 野外あそび

指導のポイント

- ● 缶トーチは置き場所を考えないと危険を伴います。指導者は事前に子どもたちに缶トーチに触ったりけったりしないことなど、十分な注意をしておきましょう。
- ● 途中で火が小さくなっても、点火中の缶に灯油を注ぎ足してはいけません。予備を用意しておくといいでしょう。

野外　 2グループ対抗のゲーム　20～30人くらい　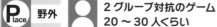

ジャンケン足相撲

1回戦目はどうしても個人戦になりがちですが、子どもたちは回を重ねるにつれて自然に作戦を立てて戦うようになる不思議な集団ゲームです。

① 両チームは10mくらい離れて横1列に並んで向き合う。
② あらかじめチームの大将を決めておき、大将同士でジャンケンをする。
③ 勝った大将はメンバーに大声で「勝った～！」と伝える。
④ 勝ったチームは全員が2歩動くことができる（左右1歩ずつでも、両足同時に跳んでもよい）。動く方向は前でも後ろでも斜めでもよいが、この時に手やお尻が地面についたら、アウトとなってその場に座る。

88

指導のポイント

● このような肉弾戦になるあそびは夢中になりすぎてしまい、相手をけったりするケースもありますので、指導者はいつでもストップできるように注意深く見守っていましょう。

⑤ 勝ったチームの全員が動いたら再び大将がジャンケンをして、互いに接近していく。
⑥ 相手チームのメンバーと接触できるようになったら、勝ったチームのメンバーは足だけを使い、引っかけたりすくったりして、相手を動かしたり倒したりしてアウトにするように戦いをいどむ。
⑦ 攻撃されている同じチームの仲間を守って手や体で支えたりすることはかまわない。
⑧ 大将がアウトになったら次の大将を任命して試合を続行し、相手チームを全滅させたら終了。

バッカン（開戦ドン）

グループで敵を攻撃する人、陣地を守る人などの役割分担や、どのように攻撃をしたら自分たちが有利になるか考えることが勝利へのカギとなるあそびで、個人戦では味わうことのできない頭を使う要素がある集団ゲームです。

あそび方

① 50mくらい離れた場所に陣地を決める。陣地は木や建物の角などの目立つ場所にするが、両陣地の間に遊具や植え込みなどの障害物があるほうがよりおもしろくなる。

② お互いの陣地に分かれ、誰が陣地を守るのか、どんな攻撃をしかけるかについて作戦を立てる時間を3分ほどとってから、リーダーの「はじめ！」の合図で試合開始。

③ お互いに相手チームのメンバーと出会ったら両手でタッチして「バッカン！」と叫ぶ。叫んだらジャンケンをして勝った子は負けた子にタッチする。

④ 負けた子は勝った子にタッチされないように自分の陣地に逃げ帰り、陣地にタッチすればセーフとなって試合に復帰できる。もし逃げ帰る途中で勝った子にタッチされたらアウトとなり、相手の陣地へ連れていかれる。

指導のポイント

- 最初は個人戦になりがちですが、作戦終了の時に「しっかり陣地を守った○チームの勝ち！」などのコメントを入れ、作戦を立てることやチームワークの重要性に気づかせるようにうながすことが重要です。
- 試合が膠着したときには、制限時間を設け、捕まえた子の数が多いほうを勝ちとするなど工夫しましょう。

（ジャンケンに勝って追いかけている子を負けた子の仲間が「バッカン！」することは可能だが、捕まった子を陣地へ連れていく子に「バッカン！」はできない）

⑤ 捕まった子は相手の陣地につかまり1列になって助けを待つ。
⑥ 捕まった子を助けるには、相手のすきをついて捕まった仲間にタッチすれば、その子につながっている子はみんな自分の陣地に逃げ帰り、試合に復帰できる。
（助け出された子は必ず一度自分の陣地にタッチする必要がある。戻る途中で相手から「バッカン！」されないようにバンザイのポーズで戻る）
⑦ タッチされずに相手の陣地に走り込み、「バッカン！バッカン！バッカン！」と叫んだチームか、相手チーム全員を捕まえたチームが勝ちとなる。

森のナンバーコール

森の中や茂みの中に入ることが苦手な子どもたちも、ゲームに夢中になるうちに自然と入り込んでいってしまう不思議なあそびです。大声を出すのが嫌だった子も大声で叫び、チームワークが深まること受け合いです。

あそび方

① 50m以上離れた木を各チームの陣地とし、大きめの目印を貼りつけておく。

② 両チームが陣地に集合し、守る子、攻める子などを決める戦略会議の時間を5分程度とる。

③ ナンバーカードを全員が鉢巻きでつけた後、両チーム「エイ、エイ！ オー！」の雄たけびと共にゲーム開始。

④ 相手に自分のナンバーを読まれないように、敵の陣地に近づいて行く。
（この時ナンバーカードを直接手や、手に持った枝などで隠すと反則となる）

準備するもの

- □ B6版（コミック本くらい）の画用紙に太マジックで4桁の数字を書いたナンバーカードを参加人数分
- □ 2色の鉢巻きを人数分

指導のポイント

- 木立や下草のある場所で行うので、指導者はあらかじめ下見をして行動範囲を決めることが重要です。虫よけスプレーも用意しておきましょう。
- 最初は単独行動での攻防戦になりがちです。1回戦は予行演習と考え、2回戦目には作戦の立て方や攻め方、陣地の守り方などアドバイスをして、じっくり作戦タイムをとってから楽しむことが重要です。回を重ねると、勝ちたい気持ちが先行し「全員一気に突撃」などの過激な行動や、相手のナンバーカードを直接取ったりする可能性もあるので、注意深く見守ることが必要です。

第3章 野外あそび

⑤ 途中で相手チームに見つかりナンバーを読まれたらアウトとなり、ナンバーカードを外して中間地点に行き、静かに次の試合を待つ。（その間しゃべってはいけない）

⑥ 相手が読んだ番号が自分の番号でなければ、そのままゲームを続けられる。

⑦ 誰かが敵陣にタッチするか、敵チーム全員をアウトにしたチームが勝ちとなる。
（なかなか勝負がつかない場合は、時間を決め、その時点でアウトになった人数の少ないチームが勝ちとなる）

野外 チーム対抗 1チーム5〜6人くらい

追跡ハイキング

目的地目指してただ歩くだけでなく、先行した指導者がつけたサインをたどりなから課題に答えていくなど、頭を使いながらハイキングを楽しむ一石二鳥のあそびです。

あそび方

① あらかじめ指導者がつけた追跡カードを探し、グループごとに間隔を開けて出発し、途中の課題を解きながらゴールするゲームだということを説明する。
② 最初に指導者は全員の前で追跡カードの見本を見せてハイキングのルールを説明する。
③ 説明が終わったら3〜5分間隔でスタートする。
④ 勝負は所要時間（40％）と課題の正解得点（60％）で行う。

準備するもの

- □ B7版（コミック本の半分くらい）の画用紙
- □ 太マジック
- □ ホチキス
- □ ガムテープ
- □ 課題をはさむバインダー（各グループ1枚）
- □ 筆記用具

課題の出し方によっては普通に歩くだけでは見落としてしまうさまざまな発見ができるゲームとなります。

指導のポイント

- 指導者はあらかじめ下見をして安全なコースを考えます。子どもたちの年齢や体力にもよりますが、出発地点とゴール地点が同じ4〜6km程度の周回コース（所要時間2〜3時間程度）がやりやすいでしょう。
- サインは絵に示した→と×を基本にカードを木の幹や岩にガムテープなどで貼りつけます。いろいろな高さに貼り、注意力が喚起されるように工夫をします。注意することは分かれ道で迷わないよう、行ってはいけない道には目立つ場所に×のカードを貼ります。課題のある場所や注意が必要な場所はその都度、絵のような他のマークを設定します。
- 課題はバインダーにはさむなどして風などの影響を受けない工夫をして設定します。課題の例…自然の課題（生き物、昆虫、木、花など）、地域・文化の課題（景色、神社仏閣、名所旧跡など）、クイズやそこでしか解けない課題（石段の数、た抜きの手紙など）
- 指導者はゲーム終了時に追跡カードの撤収を忘れないようにします。

第3章 野外あそび

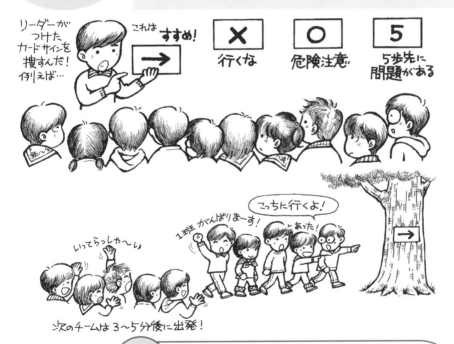

説明のポイント

- 追跡カードは注意深く見ないと発見できない。
- 途中で見つけた追跡カードに手を触れてはいけない。
- 途中で5分以上追跡カードを見つけられない時は迷ったと判断し、最後に見つけた追跡カードまで戻ってやり直す。
- 前のグループに追いついた時は時間調整して間をあける。

● プロフィール ●

神谷明宏（かみや　あきひろ）　豊岡短期大学こども学科教授

（財）日本レクリエーション協会公認 レクリエーションコーディネーター、スポーツ・レクリエーション指導者、福祉レクリエーションワーカー、（社）日本キャンプ協会公認 キャンプディレクター 1 級
学生時代のボランティア活動がきっかけとなり、児童健全育成活動のプロに。日本初の民間児童館伊藤忠記念財団「東京小中学生センター」、国立「こどもの城」 2 つの児童厚生施設のオープニングスタッフとして活動、児童館職員・放課後児童クラブ職員の育成やボランティア育成を担当後、1999 年より聖徳大学に勤務。児童学科准教授を経て現職。現在は大学で教鞭を執るほか、聖徳大学オープン・アカデミー（SOA）講師、こども環境学顧問、NPO 法人札幌コミュニティーワーク研究実践センター理事として幅広く活動する。

【主な著書】
『わくわくドキドキあそびランド』（共著・小学館）、『0〜3歳の親子あそび　ゆうゆう子育て』（共著・全国母子保健センター連合会）『子ども会ステップアップフォージュニアリーダース』（共著・全国子ども会連合会）、『子ども会ステップアップフォー集団指導者』（共著・全国子ども会連合会）、『活動意欲を高めるダイナミック野外遊び』（共著・フレーベル館）、『冒険心はじけるキャンプ - グループワークを生かした新しい野外活動 -』（あすなろ書房）、『ふくしまっこ遊び力育成プログラム』（こども環境学会）、『できる！たのしむ！むかしのあそび全 6 巻』（小峰書店）『あそびで防災体験 BOOK』（いかだ社）など

【参考文献】
1 『冒険心はじけるキャンプ〜グループワークを生かした新しい野外活動〜』神谷明宏著（あすなろ書房）
2 『図解・たのしいアドベンチャーゲーム』伊藤昭彦著（成美堂出版）
3 『つどいと仲間づくりの伝承集団ゲーム集』有木昭久著（黎明書房）
4 『子ども会のジャンケンポン〜ジャンケン博士になるために〜』宇田川光雄著（社団法人全国子ども会連合会）
5 『みんなでトロプス〜敗者のないゲーム入門〜』影山健・岡崎勝編（風媒社）
6 『チャレンジ運動による仲間づくり〜楽しくできる「体ほぐしの運動」〜』
　　ダニエル W・ミドゥラ　ドナルド R・グローバー著　高橋建夫監訳（大修館書店）
＊ 6 の文献は 2000 年にカルチャーシェアリングのボランティアで訪問したニューヨーク・フロストバレー　YMCA の資料室で一部をコピーした「Team Building Through Physical Challenges & More Team Building Challenges」の翻訳であることが後にわかった）
＊参考として掲げた文献の 2、3 については著者の方々から直接ご指導をいただき、自ら体験したうえでわたしが実際に指導した活動を参考にしている。

イラスト ● 和気瑞江
イラスト協力 ● 種ruž田瑞子
編集 ● 内田直子
本文DTP ● 志賀友美

子どもがまんなか 集団あそび&レクリエーション

2025 年 4 月 18 日　第 1 刷発行

著　者 ● 神谷明宏
発行人 ● 新沼光太郎
発行所 ● 株式会社いかだ社
　　　　〒 102-0072　東京都千代田区飯田橋 2-4-10　加島ビル
　　　　Tel.03-3234-5365　Fax.03-3234-5308
　　　　E-mail　info@ikadasha.jp
　　　　ホームページ URL　http://www.ikadasha.jp/
　　　　振替・00130-2-572993
印刷・製本　モリモト印刷株式会社

Ⓒ Akihiro KAMIYA. 2025
Printed in Japan　ISBN978-4-87051-614-4
乱丁・落丁の場合はお取り換えいたします。
本書の内容を権利者の承諾なく、営利目的で転載・複写・複製することを禁じます。